『敕庙』牛形铜灯

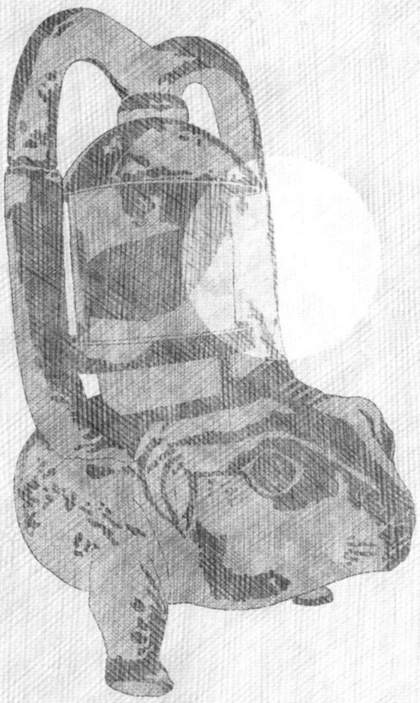

鎏金羊形铜灯

羽纹铜凤灯

鎏金铜鹿灯

彩绘陶百花灯

双连盘铜雁足灯

笔触是落在纸上的时光，而引路的人，让时与光有了方向。

感谢郑岩老师，以渊博之思，斧正故事的骨骼，让小舟不至偏航；

感谢向华老师，以明澈的慧心，为文字拂去尘埃，理顺脉络；

感谢编辑杨崑，以专业与耐心修剪每一帧细节，为画面注入呼吸；

感谢杨忠导师，春去秋来七载，以春风化雨的教诲，浸润我每一个晨昏。从习作到创作，您总在字里行间种下期待的种子，令每一笔稚拙的枝叶得以舒展成故事；

亦致敬所有未曾具名的善意——灵感从来是群鸟，而你们，是托起羽翼的风。

——詹欣媛

图书在版编目（CIP）数据

长信宫灯：中华第一灯的故事 / 詹欣媛著 . 长沙：湖南美术出版社，2025. 8. -- ISBN 978-7-5746-0822-1

Ⅰ. K234.109

中国国家版本馆 CIP 数据核字第 20256JS035 号

CHANGXIN GONGDENG : ZHONGHUA DI-YI DENG DE GUSHI
长信宫灯：中华第一灯的故事

出 版 人：黄 啸
著　　者：詹欣媛
出版统筹：吴兴元
特约编辑：杨 崑
营销推广：ONEBOOK
出版发行：湖南美术出版社（长沙市东二环一段 622 号）
　　　　　后浪出版公司
印　　刷：天津裕同印刷有限公司
开　　本：787 毫米 × 970 毫米　1/8
版　　次：2025 年 8 月第 1 版
印　　次：2025 年 8 月第 1 次印刷

选题策划：北京浪花朵朵文化传播有限公司
责任编辑：王管坤
装帧制造：墨白空间 · 闫献龙
版式设计：赵昕玥
字　　数：80 千字
印　　张：5.5
定　　价：79.80 元

读者服务：editor@hinabook.com 188-1142-1266
投稿服务：onebook@hinabook.com 133-6631-2326
直销服务：buy@hinabook.com 133-6657-3072
官方微博：@ 浪花朵朵童书

后浪出版咨询（北京）有限责任公司
投诉信箱：editor@hinabook.com　fawu@hinabook.com
本书若有印、装质量问题，请与本公司联系调换，电话：010-64072833

浪花朵朵

长信宫灯

中华第一灯的故事

詹欣媛 著

湖南美术出版社
全国百佳图书出版单位
·长沙·

陌生人，
欢迎来到时光剧院。
今天这里将上演我的故事，
一个要从西汉讲起的
很长很长的故事……
我就在舞台的中心，
你看到我了吗？

别被我的样子迷惑，
我是一盏青铜打造的汉灯，
并非血肉之躯。

我的名字叫长信宫灯。

帷幕轻启，
过去的日子就在
眼前，
真令人怀念。
准备好了吗？
让我们一起穿越
时光吧！

伍 烘范
叁 制范
贰 制模
壹 备料

我诞生于西汉的一个青铜工坊。

西汉，你们生活的时代再往前数两千多年就是了。

那可真是一个黄金时代，国家安定，万象更新，

堪称艺术家的能工巧匠辈出，创作出好些珍品。

大多工匠早已被遗忘。

打造我的人一样无名可考，但他们一定技艺精湛，

我就是最好的证明。

作为灯，我的功能领先时代——

我的内部中空，衣袖样式的灯罩同时也是烟道的一部分，能引导灯火燃烧产生的烟尘进入灯体，在底座中被水过滤，去除烟灰后再排出，不会污染空气。

长信宫灯光影后的权力博弈

在中国古代封建社会，皇帝是国家的最高统治者，掌握所有事务的最终决策权。但人的精力有限，皇帝无法事事亲力亲为，更不可能凭一己之力治理庞大的国家。因此封建王朝以皇帝为权力中心，构建起复杂的官僚体制，让王侯和臣子参与国家治理的具体事务，并分配给他们相应的权力。但如果王侯和臣子权力太大，就会威胁皇权，还可能引发叛乱。封建王朝的兴亡更替一直伴随着权力分配与制衡的难题，皇帝与王侯间也存在着复杂的博弈。这种博弈在西汉初期尤其激烈，从长信宫灯的流转故事便可见一斑。

根据铭文，长信宫灯最早可能是阳信侯刘揭府中之物*，在汉景帝时期成为窦太后长信宫中用于沐浴照明的宫灯，最后被赐给中山靖王刘胜的妻子窦绾。举世无双的长信宫灯为何最早属于阳信侯？又为什么会在贵族之间几次转手？这背后牵扯了一场持续多年王权的斗争。

公元前 202 年刘邦建立汉朝时，朝中共有七位异姓王。他们不属于刘氏家族，在各自封地上的权力又极大，可以自由任命官员，组建军队，收取赋税，是皇权的潜在威胁。因此刘邦开始逐个清除异姓王，分封刘氏家族成员，增强同族势力，并与群臣共立“非刘氏不王”的誓约。

刘邦这么做是为了维护刘氏对国家的统治，但他死后，实权被皇太后吕雉掌握。吕雉曾先后立过两个年幼的傀儡皇帝，自己临朝称制，代行皇帝权力。她还打破了“非刘氏不王”的誓约，封吕氏家族多人为王侯。她死后，积怨已久的刘氏皇族与吕氏外戚发生了惨烈的争斗，刘氏最终胜利，代王刘恒继位，是为汉文帝。长信宫灯最初的主人刘揭在这场争斗中功绩显著，被封为阳信侯，受赏千金。

按理说，刘揭一家此后应该荣华富贵享受不尽。但刘揭死后不久，他的儿子刘中意就被免去了侯

* 关于长信宫灯最初的主人，目前学界尚无定论。除阳信侯刘揭外，还有学者认为是阳信长公主。两种观点都有一定的合理性。

汉代还是青铜釭（gāng）灯的鼎盛时期。古代点灯用的燃料主要是动物油脂，燃烧的时候烟气比较大。而釭灯就是为了解决这个问题被设计出来的：它是一种自带烟道、内部中空的灯，在使用的时候，烟气会被引导到灯体的存水盘里过滤，避免直接排出而污染室内空气。釭灯大多巧妙地把烟道隐藏在外观造型里，被誉为“中华第一灯”的长信宫灯，外观为宫女跪坐执灯，衣着、发型和神态真实还原了当时宫女的形象，而宫女的袖管和身体也是烟道。其构造之巧妙、造型之优美，无疑是汉代灯具工艺发展的集大成者，展现了汉代工匠们非凡的创造力和高超的审美。

不过，青铜灯的造价比较昂贵，只有宫廷和贵族才用得起。在平民阶层，陶灯逐渐成为主流，制作陶灯的技术也日渐精进。在汉代的中小型墓里，人们发现了许多陶灯，它们的精美程度同样让人惊叹。比如在洛阳涧西区出土的彩绘陶百花灯。这盏灯的灯体主要由 3 层、12 个错落有致的曲枝灯盏组成，顶部还有一盏朱雀灯。当所有的灯都点亮的时候，它就像百花盛开一样美丽，整个造型充满了艺术想象力，实用又有趣。

从瓷灯到现代灯具

到了魏晋南北朝时期，随着制瓷业的发展，瓷灯成了灯具的主流，并且一直占据着统治地位，直到现代灯具出现。而每个朝代的瓷灯也各有特色：魏晋南北朝时期青瓷灯具较多；隋唐时期白瓷灯具流行，也有精美的唐三彩灯具；宋代灯具在继承前朝工艺的基础上，还独具雅致的审美风格；明清时期，制瓷技艺更加精进，灯具的观赏性也越来越高，留下了永乐青花花卉纹八方烛台、崇祯青花花卉纹瓷灯、乾隆掐丝珐琅烛台等欣赏价值极高的工艺品。

而早在战国时期就已经被发明的蜡烛，汉代之后因为制作工艺不断改良，应用越发广泛，尤其是在宋代人们掌握了白蜡的制作方法后，更是走入了寻常百姓家中。烛台也随之越来越流行。前人留下的烛台珍品有南北朝青釉覆莲座烛台、唐代白釉莲瓣座烛台、宋代白釉猫形烛台等。

1809 年，英国化学家戴维发明了电弧光灯，人类社会走进了电照明时代。比起传统的以火照明的灯具，电灯更加方便、安全，且不会产生烟气，很快就替代了传统灯具，走进了人们的生活。而那些古老而精美的传统灯具，则慢慢变成了人们追求光明路上的永恒见证者。如今，我们在博物馆中欣赏它们时，仿佛也能够听到历史的回声，看到先辈们在黑暗中探索光明的身影。

中国传统灯具小史

从文明伊始，人们就从未停止对光明的追求。夸父逐日的古老神话便是这种追求的体现：巨人夸父为了追逐太阳，跨越千山万水，直至力量耗尽死去。夸父死后，手杖化作桃林，结出的果实则为日后千千万万追逐光明的人解渴。

灯的发明是人们追逐光明的一座里程碑。它破除了黑夜的禁锢，让人们的生活不再完全被太阳东升西落支配，在夜晚也能自由行动。而灯不仅是照明的工具，也是文明进步的见证，体现着不同时代的艺术审美和文化。从第一支点燃的火把到精美的传统灯具，再到现代电灯，每一盏灯，都映照着一段历史；每一次灯火闪烁，都闪耀着人类的智慧和创造力的光芒。在今天，考古发掘的各种精美灯具让我们赞叹不已，它们呼唤着我们穿越时空，感受人类追逐光明的历史。

传统灯具的开端

豆形灯是中国传统灯具的开端，也是后世用得最久、最普遍的一种灯具。它们在战国以前就已经出现，由商周时期的青铜食器“豆”演变而来，上面是灯盘，下面是底座，中间以一根柱子连接，看起来有点像我们现在用的烛台。

到了战国时期，灯具的设计变得越来越丰富，除了豆形灯，还出现了簋（guǐ）形灯、连枝灯和人物形灯等。这时期制造的十五连盏铜灯足有82.9厘米高，精美程度令人惊叹。而且，这个时期还出现了专门称呼灯的字——“镫”（dēng）。大诗人屈原在《楚辞》里使用“兰膏明烛，华镫错些”，记录下了当时灯盏错落的华丽场景，留给我们无限的遐想。

青铜灯的高峰

汉代的时候，国家统一，经济繁荣，社会环境比较稳定，为工艺美术的发展提供了良好的条件。于是，我国的灯具制造工艺迎来了第一个高峰。汉代的灯具造型独具匠心，有像彩绘陶百花灯那样华丽的大型多枝灯，也有像鎏金羊形铜灯那样造型可爱、寓意吉祥的小型灯具。而且，汉代的鎏金（在器物表面涂上金）和错金银（在器物表面嵌上金银丝或片）工艺已经相当成熟了，被广泛用在汉灯的制作上，给后世留下了很多精美的珍品。

位。不怪皇帝无情，实在是刘中意犯了封建王朝无法饶恕的大错。汉景帝三年（公元前154年），皇权和诸侯王的矛盾日益激化，景帝开始削藩。吴王刘濞不愿坐以待毙，联络六个诸侯国起兵叛乱，史称“七国之乱”。这场叛乱以七个诸侯王被处死，皇权胜利而告终。刘中意正是因为参与这场叛乱，被褫夺了侯位和封赏。长信宫灯因此流入宫中，来到窦太后的居所。

“七国之乱”彻底打破了皇权和王权表面的平衡，时时刻刻提醒皇帝警惕诸侯王。汉武帝继位后，颁布了对后世影响极大的“推恩令”。“推恩令”规定诸侯王死后除嫡长子可以继承王位外，其余庶子也能分割部分封地为列侯，建立侯国。这表面上是皇帝对诸侯王的恩惠，让王侯的子孙都能获得封地，所以并未引起诸侯王的强烈反抗。但实际上，“推恩令”通过不断分封分散了诸侯王的力量，让他们的封地越来越小，直到无法与皇权抗衡。

在这样的历史背景下，汉武帝同父异母的兄弟中山王刘胜迎娶了当朝窦太后族内的女子窦绾。长信宫灯，这盏叛乱侯府中没收而来的宝灯，被窦太后作为新婚礼物赠予二人。窦太后是否想用这盏灯背后的故事警醒刘胜不要重蹈覆辙，卷入权力斗争，我们不得而知。不过刘胜的一生看上去确实只做了个“安乐王爷”：远离朝政，不问苍生，沉迷酒色。刘胜墓中出土了三十多坛装满酒的陶缸以及大量的酒具，窦绾墓内也出土了行酒令用的铜骰子和宫中行乐钱，可见他们对酒的喜爱。

刘胜去世后，汉武帝赐其谥号为“靖”，史称中山靖王。《三国演义》中刘备说自己是中山靖王之后，意思就是他是刘胜的后代。据说，刘胜有一百二十多个儿子，其中有二十人被封为王侯。在腥风血雨的政治斗争中，不问政事和生育众多子嗣分割封地让刘胜深得汉武帝信任，也许，是他的选择让他度过了太平富足的一生。

长信宫灯映照出了中国古代封建王朝的侧影。它的故事看似是几个家族的兴衰承接，实际也是不同阶段皇权和王权博弈的结果。从西汉建立之初刘邦清理异姓王，分封刘氏诸王，埋下纷争的种子开始；到吕氏擅权，皇族与外戚争斗多年；再到景帝削藩引发“七国之乱”，彻底引起皇权对王权的警惕；最后以汉武帝颁布“推恩令”，大大削弱王权为斗争画下句号……封建王朝的统治者们用了近百年的时间在权力的天平上不断调整，尝试寻找一个皇权专制和国家稳定发展的平衡点。而长信宫灯曾经的主人，阳信侯刘揭、参与叛乱的刘中意、安于享乐的刘胜和窦绾……他们的命运与这场权力博弈紧密相连，用自己的人生为历史写下了注脚。

拉动灯盘手柄，
就可以转动两枚遮光板
调整灯光亮度和照射方向。

我由青铜铸造，通体鎏金，
外观仿照了汉代宫廷女子的模样：
头戴巾帼，身穿曲裾深衣，
神态恬静，光着脚端庄地跪坐。
连我的袖口的衣料有几层，
身上的衣褶有几道都十分清晰、逼真。

我如此独特，在当时本应为皇室打造。
但我的第一个家并不是皇宫。
个中缘由，要从汉高祖刘邦去世后说起。
那时，皇太后所属的吕氏家族想要取代刘氏家族统治国家。
两个家族争斗了数年，最后汉文帝刘恒继承了皇位。

在这场动乱中，
官员刘揭立下汗马功劳，深得汉文帝信任，
被封为阳信侯，还得到了不少赏赐。
我就是为刘揭打造的。

可刘揭死后，他的儿子却卷入叛乱。
这让刘揭一族彻底失去了皇室的信任，
封爵被褫（chǐ）夺，封地等财产也一并失去了。
曾经的辉煌富贵之家，就这样衰落了。

汉景帝时，我来到了皇宫中，
归属窦太后所有，
住进了她的宫殿——长信宫，
我也因此被称为长信宫灯。
入夜，宫女们就把我点燃，
为窦太后沐浴照明。

几年后，窦太后族内的女子窦绾（wǎn）要和
中山王刘胜成婚。
窦太后将我作为礼物赐给他们，
祝福这对夫妻白头偕老、永结同心。

刘胜和窦绾相伴的日子里，
中山王府门客如云，热闹非凡。
我一次次照亮屋子，陪伴人们欢聚，
掷骰子，行酒令，吟诗作赋……

可人的生命是多么短暂呀！
我身边的人一个个逝去，
直到我最后的主人窦绾也离开了人世。
她的身份尊贵，人们排成长长的送葬队伍，
把她送入了奢华的陵墓。
而这场奢华的葬礼也是中山王一系最后的辉煌。

黑暗的陵墓也一起埋葬了我和数不尽的宝物。
在这里，白天和黑夜不再有分别，
时间静默流逝。
在这里，也再没有人需要我带来光明。
我渐渐沉睡了……

直到一缕光把我叫醒。

原来，我已经在地底沉睡了
两千多年……
我被考古学家们小心翼翼地
发掘出来复原，
送入博物馆。
人们说，我不再属于某个人，
我是国家的宝藏。

这就是我曾经的故事。

不过，我最近有了一些新故事。
新一代的工匠——
或许应该称他们“工业设计师”，
他们根据我的结构制作了 2022 年冬奥会火炬接力火种灯！

一盏灯的光，
从两千多年前照进现在，真好啊！

青铜耳杯形折叠盖灯
江都宦者铜行灯
当户铜灯
长信宫灯
错银铜牛灯
彩绘雁鱼青铜釭灯